AF456313

NOUVELLE METHODE
TRES-SEURE ET TRES-FACILE
POUR APPRENDRE PARFAITEMENT
LE PLEIN CHANT
EN FORT PEU DE TEMPS.

SECONDE EDITION.

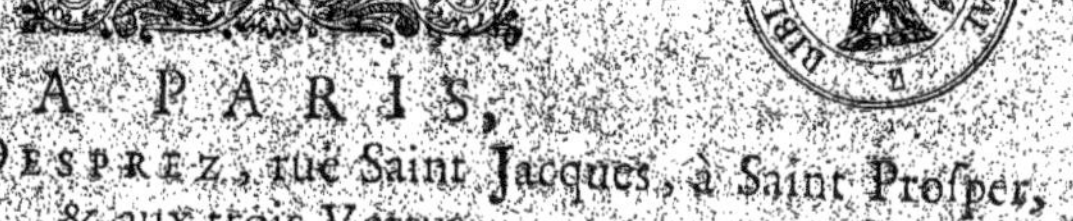

A PARIS,
Chez GUILLAUME DESPREZ, ruë Saint Jacques, à Saint Prosper, & aux trois Vertus.

M. DC. LXXXIII.
AVEC PRIVILEGE DU ROY.

Explication des quatre Cercles pour apprendre le Chant.

IL n'y a que ſept Sons ou degrez de voix, aprés leſquels la voix, ſoit en montant, ſoit en deſcendant, revient toûjours aux meſmes ; en ſorte que le huitieme, & ceux qui ſuivent le huitieme, ſont les meſmes que le premier & ceux qui ſuivent le premier, de meſme à peu prés que les jours d'une Semaine qui reviennent les meſmes dans les Semaines ſuivantes.

Ces ſept ſons, qui du temps de S. Gregoire ſe marquoient par les ſept premieres lettres de l'alphabet, ſont preſentement déſignez par des notes que l'on met diverſement ſur des rayes & ſur des eſpaces, leſquels, tant rayes qu'eſpaces, ſont nommez cordes. Ces notes ſont exprimées par ces ſept ſyllabes, *la ſi ut re mi fa ſol.* Dans le premier & le troiſieme Cercle on voit en quel ordre ces Sons se succedent à l'infiny, & en mesme temps les noms de ces Sons avec les lettres de S. Gregoire ausquelles ils répondent: Sur quoy on a fait ce Distique latin.

Corde Deum Et Fidibus Gemituque Alto Benedicam
UT RE Mi FAciat SOLvere LAbra SIbi.

par où on voit que la note *Ut* répond à la corde C, la note *Ré* à la corde D, & ainsi des cinq autres.

On voit encore dans ces Cercles, non-seulement la suite des Sons, mais encore leurs intervalles: car, par exemple, si on commence par *mi*, on peut remarquer que l'intervalle de *mi* à *fa* est une fois plus petit que de *mi* à *ré*; or l'intervalle de *mi* à *re* se nomme un ton, & de *mi* à *fa* un demiton. Pa là on voit que dans la suite circulaire de ces sept intervalles, il y a cinq tons & deux demitons; en sorte qu'entre l'intervalle de *mi-fa* & celuy de *si-ut*, il y a trois tons; & entre l'intervalle de *si-ut* & celuy de *mi-fa*, il y en a ſeulement deux. Il eſt à remarquer que la note *ſi*, qui eſt à un demiton d'*ut*, peut eſtre baiſſée vers *la* juſqu'à eſtre à un ton de l'*ut*, & à n'eſtre plus qu'à un demiton du *la*; & pour lors on ne la nomme plus *ſi*, mais *ſa*; & ſa corde qui eſt B ne ſe déſigne plus par un b quarré ainſi ♮, qu'on nomme bé dur, ou plus communément bé quarre, mais elle ſe déſigne par un b rond qu'on nomme bé mol; ce qui ſe peut remarquer dans tous ces cercles, mais principalement dans le quatrieme, où les cordes en montant ſont exprimées par les ſyllabes *Ut Ré Mi Fa Sol La Sa*, qui ſont chacune les deux premieres lettres des ſept hemiſtiches de la premiere ſtrophe de l'Hymne *Ut queant laxis*: ainſi: *UT queant laxis REſonare fibris Mira geſtorum FAmuli tuorum SOLve polluti LAbii reatum Sancte Joannes.* Il peut arriver encore dans les autres cordes, ſoit en montant, ſoit en deſcendant, beaucoup d'autres changemens de tons en demitons, & de demitons en tons: car chaque corde peut baisser vers son inferieure jusqu'à n'en estre plus distante que d'un demiton: ce qui, outre le *Si*, arrive encore au *Mi*, qui pour lors se nomme *Ma*, & quelque fois au *La*; & cela se marque par b: ou bien elle peut monter vers sa superieure, jusqu'à n'en estre plus distante que d'un demiton, & l'estre d'un ton de son inferieure; ce qui arrive souvent au *Fa*, dit pour lors *Fi*; rarement à l'*Ut*, plus rarement au *Sol*; & cela se designe par cette figure ✠, qu'on nomme un Diese quoy qu'improprement. Tout cela se voit tres-distinctement dans le 2. cercle, où on peut encore remarquer de quel intervalle sont distans entr'eux les demitons, tant les majeurs qui y sont de cinq commas, que les mineurs qui n'y sont que de quatre: on y voit aussi les traces de la voix, c'est à dire, les chemins qu'elle fait d'une corde à l'autre, tant par tons que par demitons-majeurs.

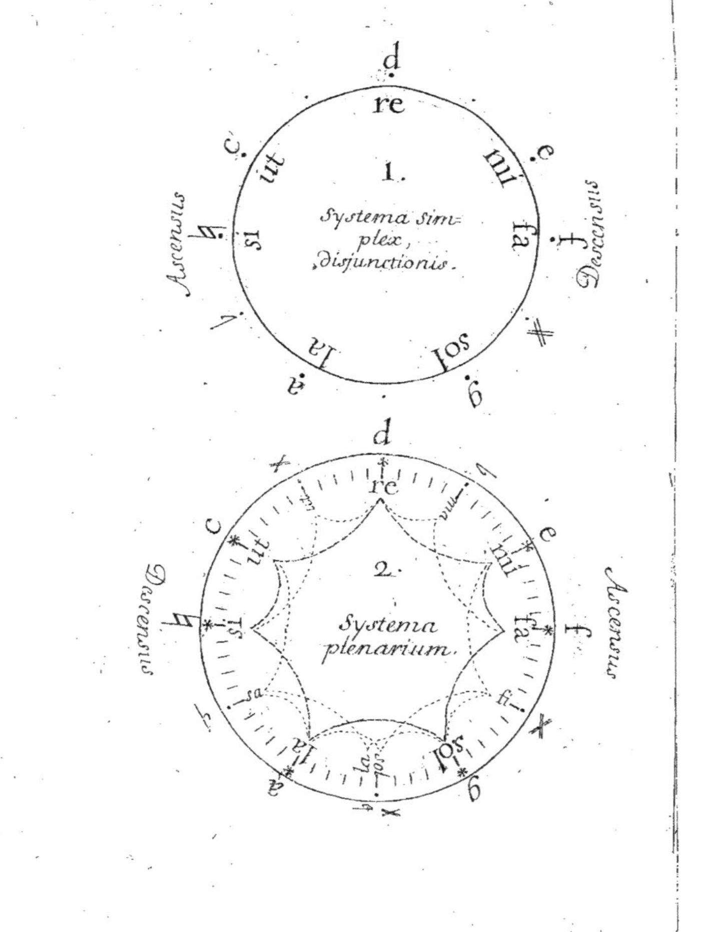

1.
Systema sim=
plex,
disjunctionis.
d
re
e
mi
f
fa
g
sol
a
la
si
c
ut
Ascensus
Descensus
2.
Systema
plenarium.
d
re
e
mi
f
fa
fi
g
sol
la
a
la
sa
si
c
ut
ma
Ascensus
Descensus

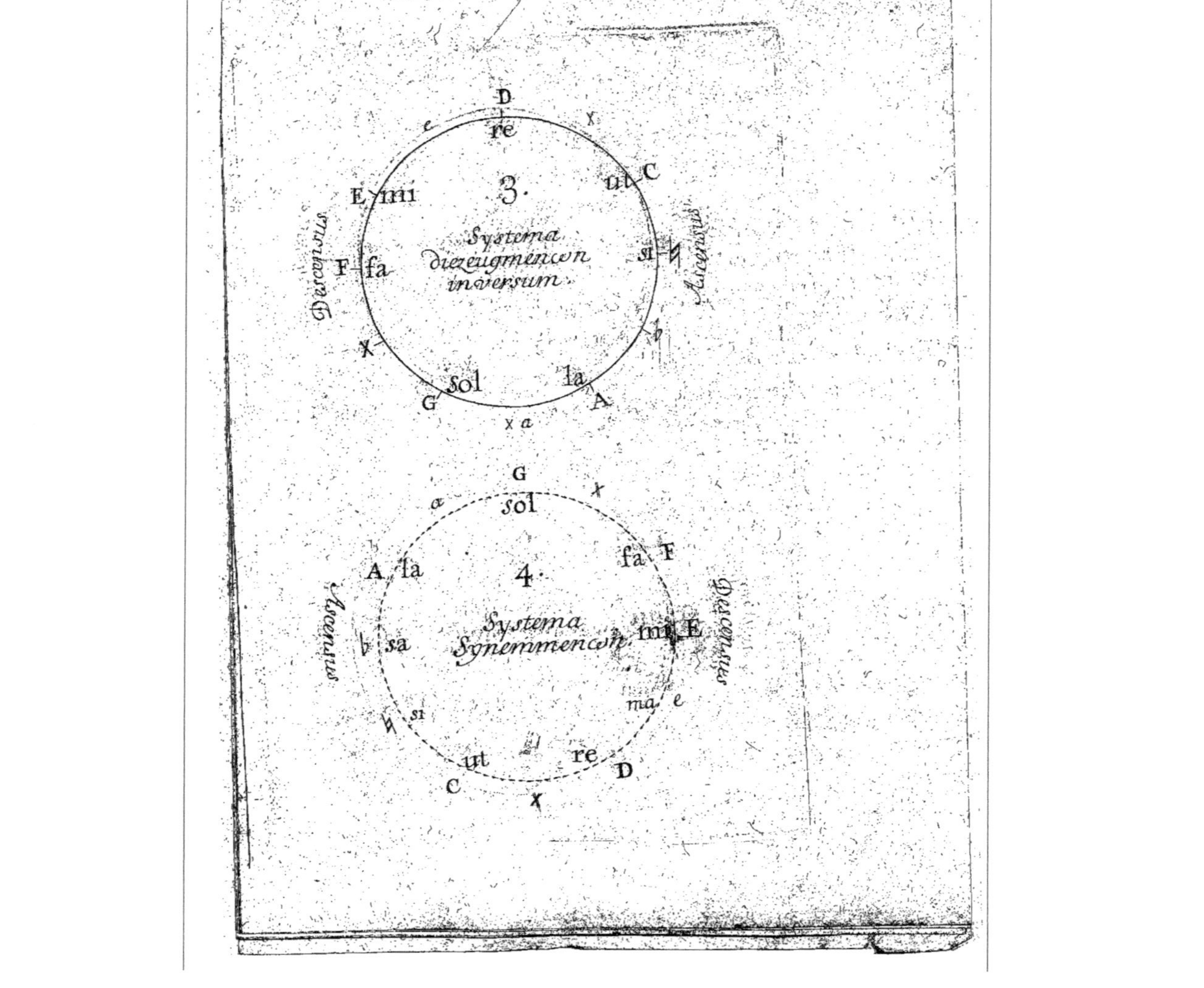
3.
Systema
diezeugmenon
inversum
Descensus
Ascensus
D
re
C
ut
E
mi
F
fa
si
sol
la
G
A
4.
Systema
Synemmenon
Ascensus
Descensus
G
sol
A
la
fa
F
sa
mi
E
si
ma
ut
re
C
D

NOUVELLE METHODE
tres-sûre & tres-facile pour apprendre parfaitement le Plein chant en fort peu de temps.

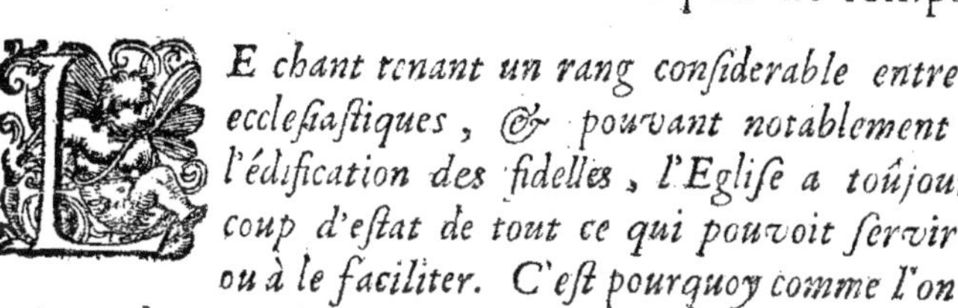

LE chant tenant un rang considerable entre les fonctions ecclesiastiques, & pouvant notablement contribuer à l'édification des fidelles, l'Eglise a toûjours fait beaucoup d'estat de tout ce qui pouvoit servir à le regler, ou à le faciliter. C'est pourquoy comme l'on a trouvé depuis quelque temps une methode courte & facile, par le moyen de laquelle on évite toutes les difficultez de la Gamme & des muances; on a crû qu'en donnant aux Ecclesiastiques les divers Tons des Chants de l'Eglise, on devoit aussi leur donner cette maniere d'apprendre le

Plein chant ; puis qu'elle peut épargner beaucoup de temps & de peine à ceux qui ne l'ont pas encore appris ; & que sa simplicité & sa facilité, fera que ceux qui s'en voudront servir, possederont plus seurement & plus parfaitement la science du Plein chant, que ceux qui l'apprendront par les détours & les embarras de la maniere ancienne.

DE LA SCIENCE DU PLEIN CHANT.

LA ſcience du Plein chant ne conſiſte qu'en trois points.
Le premier, à ſçavoir connoiſtre les notes.
Le ſecond, à les ſçavoir entonner.
Et le troiſiéme, à ſçavoir joindre au ton des notes les paroles qui doivent eſtre chantées, qui eſt ce qu'on appelle ordinairement chanter la lettre.

DE LA CONNOISSANCE DES NOTES.

IL y a ſept notes, qui ſont, *ut*, *re*, *mi*, *fa*, *ſol*, *la*, *ſi*.
Ce n'eſt point par la difference des caracteres, que l'on diſtingue les notes les unes des autres; mais par la differente ſituation où elles peuvent eſtre poſées ſur une bande de quatre lignes.

On n'en met que quatre dans le Plein chant, parce que cela ſuffit pour l'eſtenduës des chants dont on ſe ſert communément dans l'Egliſe.

On en met cinq dans les pieces de Muſique, parce que pour l'ordinaire on leur donne plus d'étenduë. Les eſpaces qui ſont entre les lignes ſe content auſſi bien que les lignes mêmes; en ſorte que quand vous allez d'une ligne à l'eſpace qui eſt au deſſus, vous montez d'une note : comme quand vous allez d'une ligne à l'eſpace qui eſt au deſſous, vous deſcendez d'une note. Autant en faut-il dire quand on va de l'eſpace à la ligne, que quand on va de la ligne à l'eſpace.

Avec ces ſept notes on peut monter ou deſcendre à l'infiny, en les repetant lors qu'on eſt arrivé à la derniere, de la même maniere qu'on peut compter les jours à l'infiny, en avançant ou en retrogradant, avec les noms des ſept jours de la ſemaine.

ut	*Dimanche.*
ſi	*Samedy.*
la	*Vendredy.*
ſol	*Ieudy.*
fa	*Mécredy.*
mi	*Mardy.*
re	*Lundy.*
ut	*Dimanche.*
ſi	*Samedy.*
la	*Vendredy.*
ſol	*Ieudy.*
fa	*Mécredy.*
mi	*Mardy.*
re	*Lundy.*
ut	*Dimanche.*
ſi	*Samedy.*
la	*Vendredy.*
ſol	*Ieudy.*
fa	*Mécredy.*
mi	*Mardy.*
re	*Lundy.*
ut	*Dimanche.*

Cét exemple fait entendre la choſe parfaitement ſans l'expliquer davantage.

Il faut donc ſçavoir par cœur l'ordre & la ſuite des notes, comme on ſçait l'ordre & la ſuite des jours de la ſemaine, & ſçavoir cela en montant & en deſcendant.

Cét ordre fait qu'on les connoît toutes dés qu'on en connoît une. Car de la même maniere que ſi je ſçay qu'il eſt aujourd'huy dimanche, je ſçay auſſi qu'il ſera demain lundy, & qu'il eſtoit hier ſamedy, *&c.*

De meſme, ſi je ſçay que la note qui eſt ſur la ligne d'enhaut, par exemple, eſt un *ut;* je ſçay auſſi que celle qui ſe trouvera immediatement au deſſus eſt un *re*, & celle qui ſe trouveroit immediatement au deſſous eſt un *ſi*, *&c.*

Il ne s'agit donc plus que d'aſſigner la place d'une ſeule note, puiſque par là celles de toutes les autres ſont déterminées, & c'eſt ce qui ſe fait par le moyen de ce que l'on appelle les clefs.

Ces clefs ſont de certaines figures qui vous marquent qu'il faut prendre une certaine note ſur la ligne ſur laquelle elles ſont poſées ; & qui par conſequent vous font connoître toutes les autres comme nous avons dit.

Il n'y a que deux clefs, dont on ſe ſerve dans le Plein chant. La premiere eſt faite en cette maniere & s'appelle la clef de *ſol*, *ut*.

La ſeconde eſt faite en cette maniere & s'appelle la clef d'*ut fa*.

Le ſeul nom des clefs vous conduit, & vous marque quelle note il faut prendre, ſur la ligne où la clef ſe trouve poſée. Et il n'y a qu'à ſe ſouvenir, que la premiere note du nom de chaque clef, eſt celle que l'on y doit prendre lors qu'on chante par ♭ *mol* ; & la ſeconde, celle que l'on y doit prendre par ♮ *quarre.*

Ainſi ſur quelque ligne que ſe trouve la clef de *ſol-ut*, il y faut toûjours prendre *ſol* par ♭ *mol*, & *ut* par ♮ *quarre.*

Et ſur quelque ligne que ſe trouve la clef d'*ut-fa*, il y faut toûjours prendre *ut* par ♭ *mol*, & *fa* par ♮ *quarre.*

Il ne faut point s'embaraſſer de ces mots de ♭ *mol* & de ♮ *quarre*, & il ſuffit de ſçavoir que l'on chante par ♭ *mol* lors que cette figure ♭ ſe rencontre au commencement de chaque bande de l'Antienne ou du Repons *&c.* en cette maniere,

Et que l'on chante par ♮ *quarre*, lorſque cette figure ♭ ne ſe rencontre point au commencement de chaque bande.

Voicy des exemples qui feront entendre parfaitement

tout ce qui vient d'estre dit.

Voila la clef de *sol-ut* sur la seconde ligne : c'est par ♭ *mol* ; donc s'il y avoit une note sur cette seconde ligne, ce seroit un *sol* ; Si c'estoit par ♮ *quarre*, ce seroit un *ut*.

Voila la clef d'*ut-fa* sur la seconde ligne : c'est par ♭ *mol*; donc s'il y avoit une note sur cette seconde ligne, ce seroit un *ut* ; Si c'estoit par ♮ *quarre*, ce seroit un *fa*.

Si donc la note qui se trouvera sur cette seconde ligne où la clef est posée, & qui est marquée *h*, est un *ut*, quelle sera la note qui se trouvera dans l'espace marqué *i* ? voyons. Qu'est-ce qui suit *ut* en descendant selon l'ordre des notes ? c'est *si*, ce sera donc un *si* ; celle qui se trouvera sur la ligne marquée *k* un *la*, & ainsi du reste.

Il faut raiſonner de meſme en montant comme en deſcendant, contant toûjours les eſpaces auſſi bien que les lignes, avec cela on ne ſçauroit ſe tromper.

VOila ce qui regarde la connoiſſance des notes : Et comme c'eſt le fondement de tout le reſte ; ce doit eſtre auſſi le premier ſoin de ceux qui apprendront le Plein chant, que de bien comprendre ces regles, & de les bien retenir.

Et pour s'en rendre l'uſage familier, il eſt bon qu'ils s'y exercent en cette maniere. Ayez devant vous une bande de quatre lignes ; mettez-y une clef, qui ſera tantoſt l'une, tantoſt l'autre ; tantoſt ſur la premiere, & tantoſt ſur la ſeconde ligne ; quelquefois par ♭ mol, *& quelquefois par* ♮ quarre, *afin de vous accoûtumer de toutes les manieres.*

La clef eſtant poſée, parcourez toutes les lignes, & tous les eſpa-

ces, en montant & en descendant ; les touchant avec une aiguille, ou avec la pointe d'une plume pour mieux arrester l'imagination ; & à chaque ligne ou espace que vous toucherez, nommez la note qui y convient, selon la position de la clef.

Lors que vous serez en estat de faire cela avec facilité, en allant tout de suite ; faites-le en sautant de ligne à ligne, & d'espace à espace ; jusques à ce qu'enfin vous soyez au point, qu'en vous marquant quelque ligne, ou quelque espace que ce soit, dans toutes sortes de positions de clefs, vous puissiez dire sur le champ, qu'elle est la note qui luy est propre.

Quelques uns regardent cela comme un travail inutile ; & s'imaginent qu'on apprend assez à connoître les notes, lors qu'on apprend à les entonner ; & de là vient la peine qu'on y a d'ordinaire : car l'esprit estant occupé en mesme temps du soin de connoître la note, & d'en chercher le ton, se confond & s'embrouille.

Au lieu qu'estant une fois asseuré de la connoissance des notes, & n'ayant plus à penser qu'au ton, il le remarque, & le retient fort aisément.

DE L'ENTONNEMENT DES NOTES.

AVant que d'essayer à entonner les notes sur des livres de Plein chant ; il faut s'accoûtumer à les entonner par cœur en diverses manieres.

Premierement, tout de suite ; en montant, & en descendant; en sorte qu'on aille toûjours jusques à l'octave, c'est à dire d'*ut* à *ut*, ou de *re* à *re* *&c.* car cela s'appelle une octave, comme dans l'ordre des jours de la semaine, l'octave du Dimanche va au Dimanche, celle du Jeudy au Jeudy *&c.*

Il faut donc premierement apprendre à entonner toute sorte d'octaves; soit en montant, soit en descendant, c'est à dire d'*ut* à *ut*, de *re* à *re*, de *mi* à *mi* *&c.* cela s'appelle entonner les degrez conjoints.

ut
ſi
la
ſol
fa
mi
re
ut

La diſtance d'une note à une autre, eſt d'un ton, ou d'un demy ton : Celle du *mi* au *fa*, & du *ſi* à l'*ut*, ſont de demy ton : toutes les autres ſont d'un ton entier.

Il n'y a qu'une ſeule exception à cette regle dans le Plein chant; qui eſt que l'on rapproche quelquesfois le *ſi* du *la*, en ſorte qu'il n'y a plus que demy ton du *la* au *ſi*, & un ton entier du *ſi* à l'*ut*, en cette maniere.

ut
ſi
la

Quand il faut entonner de cette ſorte, on le connoiſt par cette figure ♭ qui ſe trouve auprés de la note *ſi*. Cela ſe rencontre dans les pieces qui ſe chantent par ♭ *mol*, auſſi bien que dans les autres: & ce ♭ *mol* que l'on met ainſi extraordinairement, s'appelle ♭ *mol* accidentel.

L'uſage de ce ♭ *mol* accidentel, qui eſt aſſez ordinaire, fait que l'on eſt obligé en apprenant l'entonnement des notes, de s'accoûtumer à entonner les trois notes *ut*, *ſi*, *la*, en montant

& en deſcendant, ſelon les deux manieres dont elles peuvent eſtre diſpoſées, & qui ſont marquées icy.

PREMIERE MANIERE Naturelle.	SECONDE MANIERE Par le moyen du ♭ *mol* accidentel.
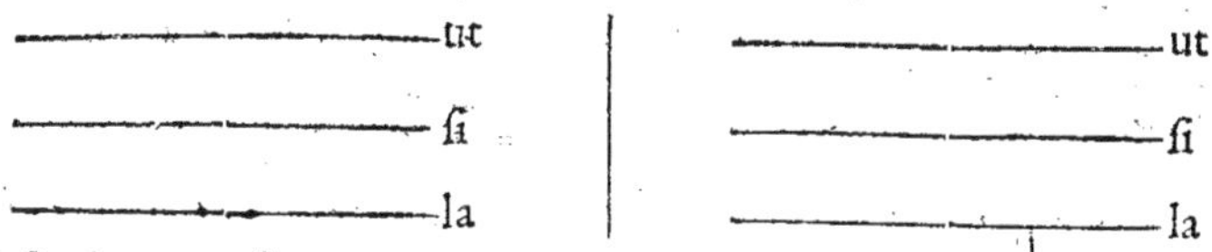 ———— ut	———— ut
———— ſi	———— ſi
———— la	———— la

C'eſt avec raiſon, qu'on a choiſi cette figure ♭ plûtoſt que toute autre; pour avertir d'entonner le *ſi* de cette ſeconde maniere: parce que cét entonnement, lors qu'on chante par ♮ *quarre*, fait paſſer le chant en ♭ *mol*, en oſtant la difference, qui eſt entre l'un & l'autre.

Elle ne conſiſte que dans une differente ſituation du demy ton; non pas à l'égard des notes en elles même, car elles gardent toûjours entr'elles leur même diſpoſition ; en ſorte que la diſtance du *mi* au *fa* & du *ſi* à l'*ut*, eſt toûjours de demy ton ; & celle d'entre toutes les autres notes d'un ton entier, auſſi bien par ♭ *mol* que par ♮ *quarre* : mais ce demy ton ſe trouve dans un autre endroit de la bande à quatre lignes par ♭ *mol* ; & dans un autre par ♮ *quarre*. Ainſi dans cét exemple, la clef marquant *ut* par ♮ *quarre*, ces quatre notes ſont *ſol*, *la*, *ſi*, *ut*, & par conſequent le demy ton ſe trouve de l'eſpace *n*, à la ligne *o*.

o n m

ſol, la, ſi, ut.

Mais dans cét autre exemple, la même clef marquant un *ſol* par ♭ *mol*, ces quatre notes ſont *re*, *mi*, *fa*, *ſol*, & par conſequent le demy ton ſe trouve de la ligne *m* à l'eſpace *n*. Cela eſt

o n m

re, mi, fa, ſol.

tres aiſé

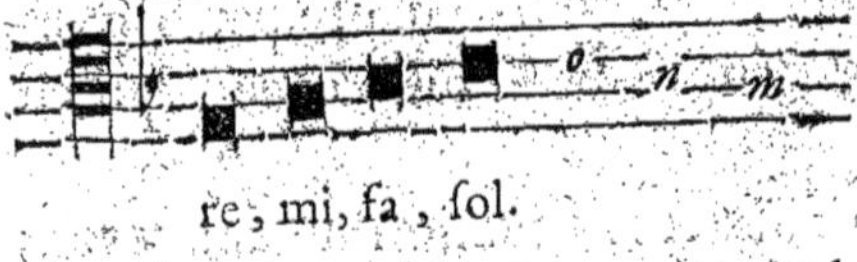

tres aisé à comprendre, à ceux qui auront bien retenu quelles sont les notes qui sont distantes entr'elles d'un ton, ou d'un demy ton.

Ce qui vient d'estre dit qu'il y a toûjours un demy ton du *si* à l'*ut* aussi bien par ♭ *mol* que par ♮ *quarre*, se doit entendre hors le cas du ♭ *mol* accidentel; qui met toûjours un ton entier entre ces deux notes, aussi bien dans les pieces qui se chantent par ♭ *mol*, que dans celles qui se chantent par ♮ *quarre*, comme il a esté remarqué.

Quand on sçait entonner les dégrez conjoints, il ne reste plus qu'à entonner les intervales; & cela est aisé à apprendre sur les exemples suivans, qui contiennent tous les intervales qui peuvent entrer dans le Plein chant; en sorte que celuy qui les sçait parfaitement, & qui y est exercé, peut dire qu'il sçait le Plein chant.

Les intervales où l'on laisse une note entre deux, comme

d'*ut* à *mi*, s'appellent des tierces. Si on en laiſſe deux, ce ſont des quartes. Si trois, ce ſont des quintes. Si quatre, ce ſont des ſixiémes. Enfin, ſi on laiſſe ſix, c'eſt à dire, ſi l'on ſaute d'*ut* à *ut*, de *re* à *re* &c. ce ſont des octaves comme nous avons dit. On n'entonne point de ſeptiéme dans le Plein chant.

Quand on va de *fa* à *ſi* en montant ou en deſcendant, il y a toûjours un ♮ au *ſi*; & quand il n'y en auroit pas, il faut toûjours entonner comme s'il y en avoit un; afin que ſi l'on entonne cét intervale en montant, on faſſe une quarte juſte, c'eſt à dire qui ait ſes deux tons & demy. Et que ſi on l'entonne en deſcendant, on faſſe une quinte juſte; c'eſt à dire de trois tons & demy.

Mais que cela n'embaraſſe perſonne, car on le fait naturellement, & il faudroit ſe forcer pour ne le pas faire.

UT

ut re mi ut mi ut re mi fa ut fa ut re mi fa ſol ut ſol

ut re mi fa ſol la ut la ut re mi fa ſol la ſi ut ut ut

ut ſi la ut la ut ſi la ſol ut ſol ut ſi la ſol fa ut fa

ut ſi la ſol fa mi ut mi ut ſi la ſol fa mi re ut ut ut

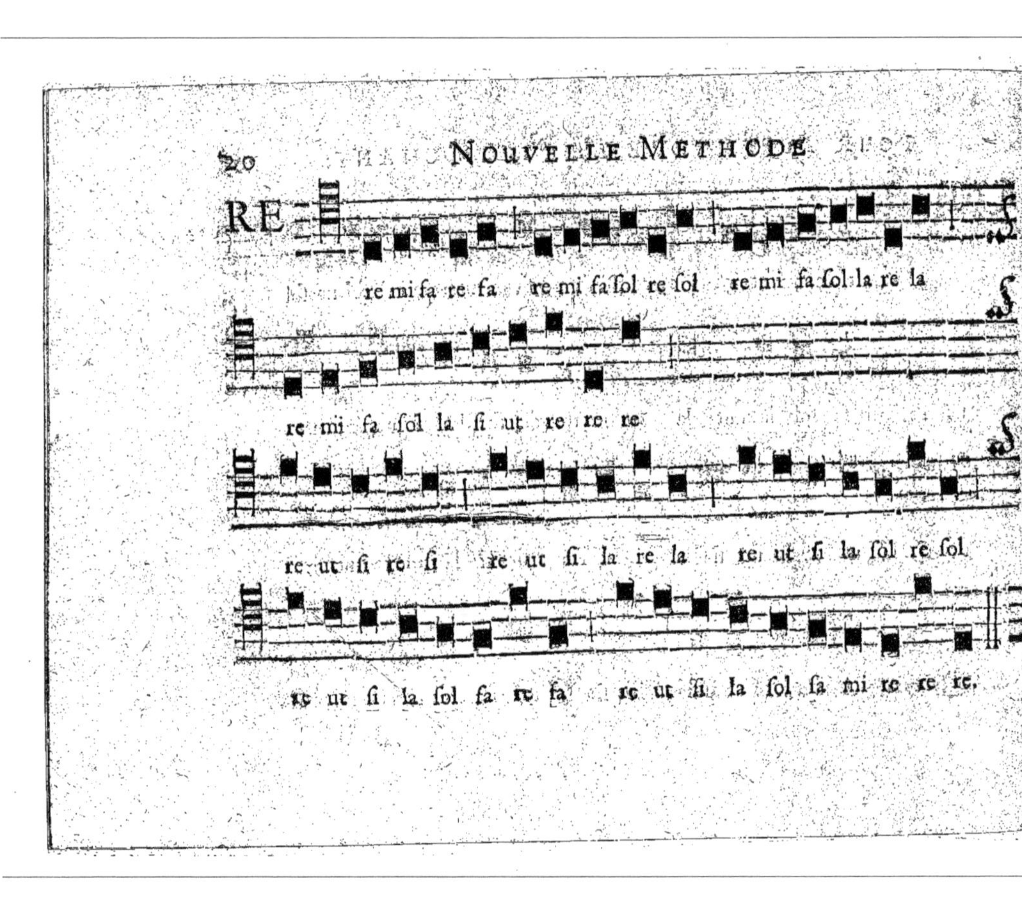
RE
re mi fa re fa re mi fa ſol re ſol re mi fa ſol la re la
re mi fa ſol la ſi ut re re re
re ut ſi re ſi re ut ſi la re la re ut ſi la ſol re ſol
re ut ſi la ſol fa re fa re ut ſi la ſol fa mi re re re.

MI

mi fa sol mi sol mi fa sol la mi la mi fa sol la si mi si

mi fa sol la si ut mi ut mi fa sol la si ut re mi mi mi

mi re ut mi ut mi re ut si mi si mi re ut si la mi la

mi re ut si la sol mi sol mi re ut si la sol fa mi mi mi

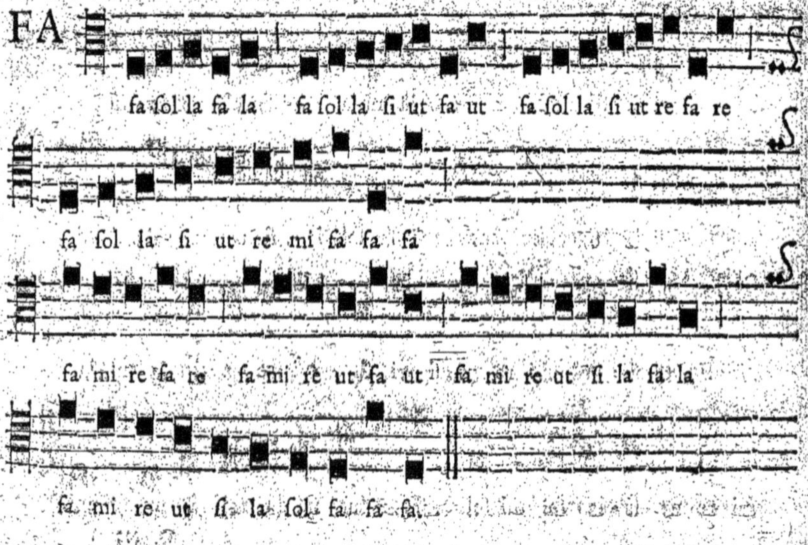

FA

fa sol la fa la fa sol la si ut fa ut fa sol la si ut re fa re

fa sol la si ut re mi fa fa fa

fa mi re fa re fa mi re ut fa ut fa mi re ut si la fa la

fa mi re ut si la sol fa fa fa

SOL

sol la si sol si sol la si ut sol ut sol la si ut re sol re
sol la si ut re mi sol mi sol la si ut re mi fa sol sol sol
sol fa mi sol mi sol fa mi re sol re sol fa mi re ut sol ut
sol fa mi re ut si sol si sol fa mi re ut si la sol sol sol

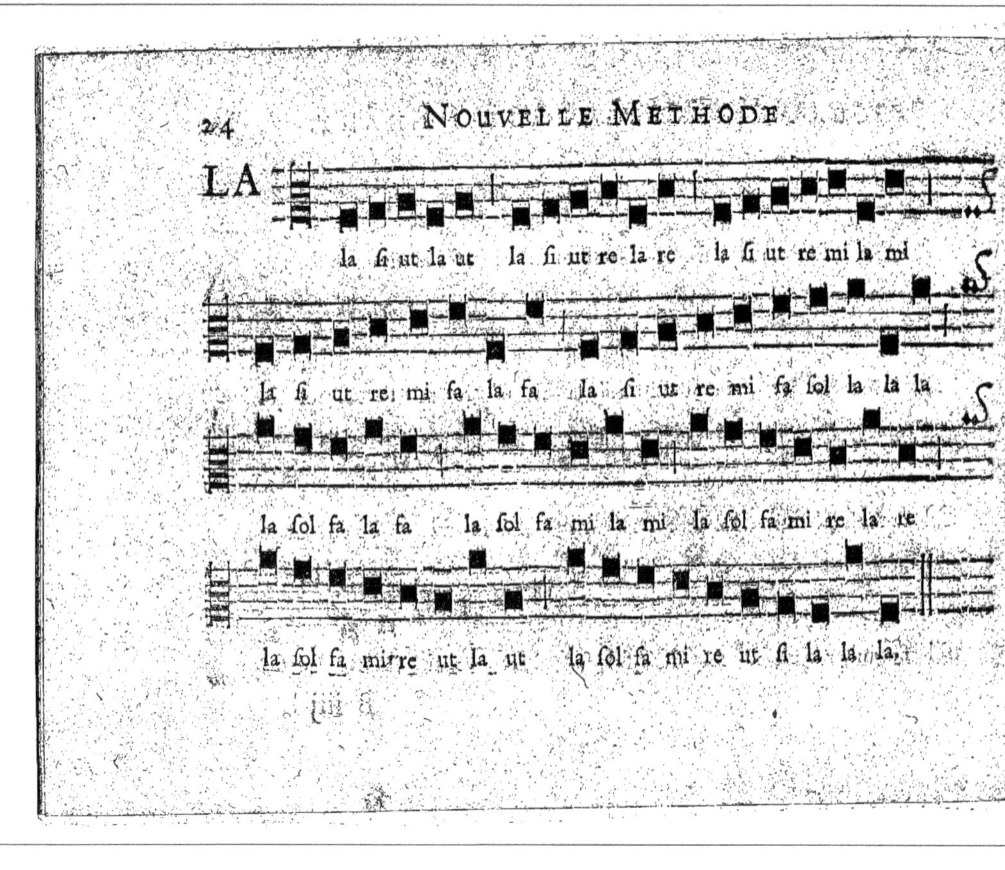
LA
la ſi ut la ut la ſi ut re la re la ſi ut re mi la mi
la ſi ut re mi fa la fa la ſi ut re mi fa ſol la la la
la ſol fa la fa la ſol fa mi la mi la ſol fa mi re la re
la ſol fa mi re ut la ut la ſol fa mi re ut ſi la la la.

SI

ſi ut re ſi re ſi ut re mi ſi mi ſi ut re mi fa ſol ſi ſol
ſi ut re mi fa ſol la ſi ſi ſi.
ſi la ſol ſi ſol ſi la ſol fa mi ſi mi ſi la ſol fa mi re ſi re
ſi la ſol fa mi re ut ſi ſi ſi.

Voila tous les intervalles dont on se peut servir dans le Plein chant, à la reserve de ceux où se rencontre le *si* avec le ♭ *mol* accidentel, nous les allons marquer afin que rien ne soit obmis.

CEux qui étudieront les Intervales cy dessus, doivent prendre garde de ne se pas trop presser; & d'apprendre parfaitement ceux de la premiere Octave qui commence par ut, *avant que de passer à ceux de la seconde qui commmence par* re. *Qu'ils se conten-*

*tent à chaque fois qu'ils étudieront, de chanter les Intervales d'une seule Octave, au moins dans les commencemens. Et quand ils seront assez forts pour chanter tout de suite ceux de plusieurs Octaves; qu'ils prennent garde en commençant par la premiere, de prendre l'*ut *assez bas, pour pouvoir, lors qu'ils passeront à la seconde, prendre le* re *au même ton qu'ils le prenoient dans la premiere Octave; & pour pouvoir tout de même prendre le* mi *& le* fa, *lors qu'ils passeront à la troisiéme & quatriéme, au même ton où ils chantoient l'un & l'autre dans la premiere.*

Mais qu'ils ne chantent jamais que les Intervales de ces quatre premieres Octaves, pour le plus, à une mesme reprise; & qu'ils remettent à une autre fois, à chanter ceux des trois dernieres: Car ils ne sçauroient les chanter tout de suite en gardant toûjours le ton qu'ils auroient donné dans la premiere Octave, à chacune des notes par où les autres commencent. La voix n'a pas assez d'é-

tenduë pour cela. Or de changer ce premier ton pendant qu'on l'a encore dans la teste ; cela broüille l'imagination de ceux qui étudient, & leur fait perdre tout le fruit de leur travail. Il y a encore d'autres raisons pour cela qu'il seroit superflu de dire icy.

DE LA MANIERE DE JOINDRE LA LETTRE *aux tons des Notes.*

IL n'y a aucune regle à observer pour cela, si ce n'est de commencer par des chants où il n'y ait qu'une note pour chaque syllabe, & de venir en suite à ceux où il y a plusieurs notes liées sur une mesme syllabe; tout le reste dépend de l'habitude.

Il faut sçavoir que lors qu'il y a des notes qui vont sur plusieurs lignes ou espaces; on ne doit conter que les deux extrémitez ; Par exemple, cette note qui touche par en haut la place de l'*ut*, & par en bas celle du *fa*, se doit chanter comme s'il y avoit deux notes liées *ut-fa* en cette maniere.

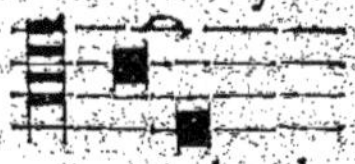

Les longues & les bréves se connoissent par la figure. Les bréves sont rondes ou en lozanges. Les longues sont quarrées, & les plus longues, outre qu'elles sont quarrées, ont encore des queuës qui vont en haut ou en bas. Mais on doit plûtost avoir égard en chantant aux regles de la Quantité qu'aux notes longues & bréves, parce que tous les livres sont pleins de fautes, & qu'il y a la plufpart du temps des notes bréves sur des syllabes longues, & des notes longues sur des syllabes bréves.

Voilà tout ce qu'il est necessaire de sçavoir pour apprendre le Plein chant. Qu'on étudie bien ces regles, & qu'on les comprenne bien avant toutes choses; c'est un travail de deux jours tout au plus pour ceux qui ont le moins d'ouverture à ces choses là. En suite qu'on s'habitue à connoistre bien les notes, & aprés à les entonner de la maniere que nous avons dit, sans se presser, & sans entreprendre une chose avant que d'estre parfaitement asseuré de celle qu'on doit apprendre la premiere, & l'on verra qu'il n'y rien de si aisé que d'apprendte le Plein chant par cette Methode.

Il est bon que les Ecclesiastiques sçachent par cœur les huit tons des Pseaumes, avec les differentes manieres de les finir, & qu'ils apprennent à connoître par la fin de l'Antienne, de quel ton est le Pseaume qui la suit.

L'habitude donne cela, & on le trouve marqué sur les livres, non ſeulement par les notes de Plein chant, mais encore par les chiffres 1. 2. 3. 4. 5. 6. 7. 8. qui ſignifient 1. ton, 2. ton *&c.*

AVERTISSEMENT.

LEs Eccleſiaſtiques qui apprendront le Plein chant par cette Methode, doivent s'aſſeurer qu'elle eſt auſſi ſeure que ſimple & facile. Ceux qui entendent ces choſes-là à fond, n'ont pas beſoin d'experience pour en eſtre convaincus. Neanmoins l'aſſeurance qu'on en donne n'eſt pas fondée ſur une ſimple demonſtration ſpeculative ; mais elle eſt appuyée ſur pluſieurs experiences qui ont reüſſi auſſi parfaitement qu'on le pouvoit ſouhaiter.

Mais comme cette Methode n'eſt pas encore fort commune ; & que la pluſpart croyent qu'il n'y a de bon chemin que celuy qu'ils ſçavent ; il eſt ſans doute que ceux qui ont appris le Plein chant par la gamme & les muances, ne manqueront pas de faire mille difficultez mal fondées à ceux qui se voudront servir de cette maniere icy, sous pretexte qu'ils ne se rencontreroient pas avec eux à nommer les nottes de la même sorte.

Il ne se faut point mettre en peine de leur répondre: mais lors qu'on commencera à estre asseuré, qu'on ouvre un livre de Plein chant; que les uns & les autres chantent : Et si ceux qui ont appris par la gamme chantent bien, on verra que les autres s'accorderont parfaitement avec eux.

Il ne faut point non plus écouter ceux qui se servant du *si*, croyent qu'il est mieux & plus simple de prendre toûjours *ut*, sur cette clef ; & toûjours *fa* sur celle-cy ; aussi bien par *b mol* que par *quarre*: parce qu'en pensant abreger, ils tombent

bent dans de tres grands inconveniens.

Car il faut remarquer que ce qui oblige de changer ainsi le nom des notes, ou plûtost de les placer autrement par ♭ *mol* que par ♮ *quarre*, c'est pour ne point forcer la maniere ordinaire d'entonner, & pour laisser les tons & les demy tons entre les mesmes notes où ils ont accoûtumé d'estre placez.

Ainsi, comme dans cette quarte chantée par ♮ *quarre*, le demy ton se trouve de la 3e note en montant à la 4e, & que dans la mesme quarte chantée par ♭ *mol*, il doit estre de la 2e à la 3e; il ne faut plus dire *sol*, *la*, *si*, *ut*, comme l'on faisoit par ♮ *quarre* : & il faut trouver une suite de quatre notes, où le demy ton soit naturellement entre la 2e & la 3e. Or cela se trouve entre les quatre notes *re*, *mi*, *fa*, *sol* ; nous dirons donc *re*, *mi*, *fa*, *sol* : & ainsi nous prendrons *sol* au mesme endroit où nous prenions *ut*, lors que nous chantions par ♮ *quarre*.

Mais quoy, disent-ils, ne ferons nous pas trouver tout de mesme, le demy ton entre la 2e & la 3e note, quoy que nous disions toûjours *sol, la, si, ut;* pourveu que nous entonnions ce *si*, comme on l'entonne: lors que chantant par ♮ *quarre*, on y ajoûte le ♭ *mol* accidentel?

Il est vray, mais c'est oster sans necessité le demy ton de sa place naturelle. Et d'ailleurs il faut pour se souvenir de l'entonner ainsi, un effort & une application continuelle. Car l'experience fait voir que comme cette figure ♭ qui est la marque qu'on a accoûtumé de trouver auprés de la note *si*, pour avertir de l'entonner de cette sorte, ne se voit point auprés de celle qu'il leur plaist d'appeller de ce nom là, on l'oublie pour l'ordinaire, & l'on se trouve ainsi à demy ton prés des autres avec qui l'on chante, au lieu qu'en nommant les notes comme nous avons dit, cela se fait naturellement & sans qu'on y puisse manquer.

Mais ce qui est bien plus considerable, & à quoy l'attention ny la memoire ne sçauroient suppléer; c'est que lors que ceux qui nomment les notes par ♭ *mol* comme par ♮ *quarre*, trouvent un ♭ *mol* accidentel dans quelques pieces notées par ♭ *mol*, ils le trouvent sur la note qu'ils sont obligez d'appeller *mi*. Et ainsi voila tous leurs tons & leurs demy tons déplacez, & ils ne sçavent plus où ils en sont. Et si cela ne les démonte pas entierement, le mieux qu'il leur puisse arriver, c'est d'entonner ce *mi*, comme si le ♭ *mol* accidentel n'y estoit point; & par consequent d'estre encore à demy ton prés des autres; de faire un triton au lieu d'une quarte juste, s'il faut monter à ce *mi* de la notte qu'il leur plaist d'appeller *si*, & une fausse quinte au lieu d'une quinte juſte, lors qu'ils y deſcendront de la meſme note.

Voicy un exemple qui fera parfaitement entendre ce qui vient d'eſtre dit.

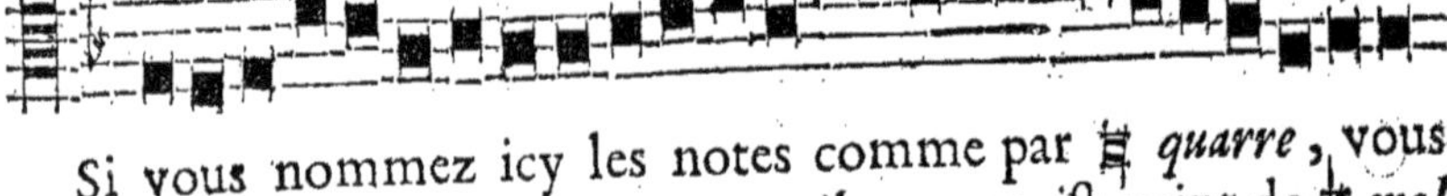

Si vous nommez icy les notes comme par ♮ *quarre*, vous voyez premierement, que comme il ne paroiſt point de ♭ *mol* auprés de la 7ᵉ note que vous appellez un *ſi*, vous courez riſque de l'oublier & d'entonner comme vous feriez par ♮ *quarre* : & ſi vous vous en ſouvenez pour la premiere fois, vous l'oublierez la ſeconde ou la troiſiéme.

Mais comment direz vous quand il faudra aller de la 13ᵉ note à la 14ᵉ: car cette 14ᵉ note eſt un *mi* ſelon vous ? Cependant ce *mi* n'eſt que d'un demy ton plus haut que le *re* qui le ſuit, & il eſt plus bas d'un ton entier que le *fa* qui eſt au deſſus. Voila qui renverſe toutes les regles par leſquelles vous avez appris à entonner. Et il n'y a point d'expedient pour vous tirer de là, qui ne ſoit plein d'embarras; au lieu qu'il n'y en a pas le moindre du monde dans la maniere que vous voulez éviter. En voila aſſez pour faire voir, que c'eſt avec beaucoup de raiſon qu'on fait nommer les notes autrement par ♭ *mol*, que par ♮ *quarre*.

On doit encore eſtre averty, que ſi lors qu'on apprend à entonner, on trouve que l'imagination ſoit ſoulagée en changeant le nom de la 7ᵉ note lors qu'on en change le ton; c'eſt à dire en l'appellant *ſi*, lors qu'on n'y met point de ♭ *mol* accidentel, & *Za* lors qu'on y en met un, il eſt libre de le faire; & qu'il y en a qui croyent que cela donne quelque facilité.

Neanmoins cela n'eſt pas neceſſaire, & il ſuffit de ſe bien accoûtumer à entonner les trois notes *la*, *ſi*, *ut*, ſelon les deux manieres qui ont eſté propoſées à la page 15.

Enfin il faut remarquer qu'il y a des Livres de Plein chant, où quoy qu'il ſe trouve quelque fois ſur une même bande pluſieurs *ſi*, qu'on doit entonner avec le ♭ *mol* accidentel, on ſe contente de le marquer au premier qui ſe rencontre. Il faudra donc, quand on chantera ſur ces livres là, entonner tous les autres *ſi* qui ſe trouveront ſur la meſme bande, comme on aura entonné le premier ; ſi ce n'eſt qu'il y en ait quelqu'un où l'on ait mis le ♮ *quarre*, pour avertir de revenir à l'entonnement naturel de cette note.

DES HUIT TONS DE L'EGLISE.

DANS le Traité de la maniere d'apprendre le Plein chant, le mot de TON se prenoit pour la distance qui se trouve entre la pluspart des Notes. Mais quand on parle des HUIT TONS DE L'EGLISE, ce mot ne signifie plus cela: mais une certaine espece ou nature de chant,

Ces huit TONS sont donc huit differentes especes de chant ausquelles se peut rapporter tout ce qui se chante dans l'Office de l'Eglise, soit Pseaumes, Antiennes, Introits, Graduels, Répons, &c. en sorte qu'il ne se chante rien de tout cela qui ne soit de quelqu'un de ces huit TONS.

Ces TONS sont mieux marquez & plus reconnoissables dans

les chants des Pseaumes que dans ceux des Antiennes, Répons, &c. Ainsi, ce sont ces chants là principalement qu'il faut apprendre par cœur, & se bien accoûtumer à les discerner les uns des autres.

On considere particulierement quatre choses dans le chant de chaque Pseaume.

1. La Modulation par où l'on commence le Verset, qui est ce qu'on appelle l'INTONATION.

2. Celle du milieu du Verset, & qu'on appelle MEDIATION.

3. Et celle qui termine le Verset, qu'on appelle CONCLUSION, ou l'E, u, o, u, A, E; parce qu'elle tombe sur ces mots *sæculorum Amen.* dont les syllabes sont désignées par les voyelles, E, u, o, u, a, e.

4. Et enfin la note principale du chant du Pseaume, qui est celle sur laquelle tombe la premiere lettre de l'E, u, o, u, a, e;

ou la premiere ſyllabe du mot *ſæculorum*, & qui domine, c'eſt-à-dire, qui eſt plus ſouvent repetée dans le chant ; ce qui fait qu'on l'appelle Dominante. Elle donne auſſi la dénomination au TON du Pſeaume, en ſorte que celuy qui a *la* pour ſa dominante, eſt dit ſe chanter en *la*: Celuy dont la dominante eſt *ſol*, eſt dit ſe chanter en *ſol*, &c.

L'INTONATION eſt donc une Modulation qui va chercher la dominante du TON, & qui ſe fait pour rendre le chant plus ſolennel. C'eſt pourquoy on ne s'en ſert que dans les Feſtes doubles aux premiers Verſets de tous les Pſéaumes des Veſpres, des Matines & des Laudes, & à tous les Verſets du *Magnificat* & du *Benedictus*, qui ont encore quelquesfois dans leur Intonation quelque choſe de different de celle des Pſeaumes, comme on verra cy-aprés. Hors de là, on commence tout droit par la dominante.

La MEDIATION eſt toûjours la même, hors quelque cas qui ſeront marquez.

Mais la CONCLUSION ſe diverſifie quelquesfois, & finit tantoſt ſur une note, tantoſt ſur une autre, ſelon qu'il eſt à propos pour rencontrer la note par où commence l'Antienne qui doit eſtre chantée aprés le Pſeaume. Par exemple, un Pſeaume du premier TON finira en *ſol*, ſi l'Antienne qui doit eſtre chantée en ſuite commence par *ſol*.

Voicy tous les TONS notez avec leurs INTONATIONS, MEDIATIONS, & CONCLUSIONS, dont la ſeule veuë fera parfaitement entendre ce qui vient d'eſtre dit.

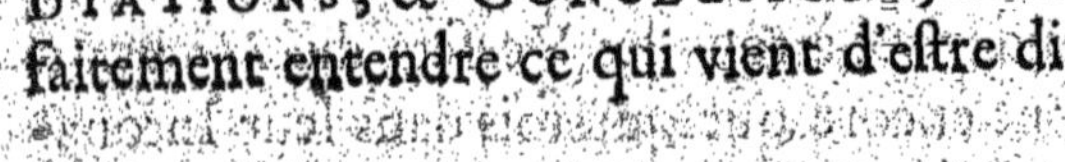

LES HVIT TONS
DE L'EGLISE
SELON L'USAGE ROMAIN.

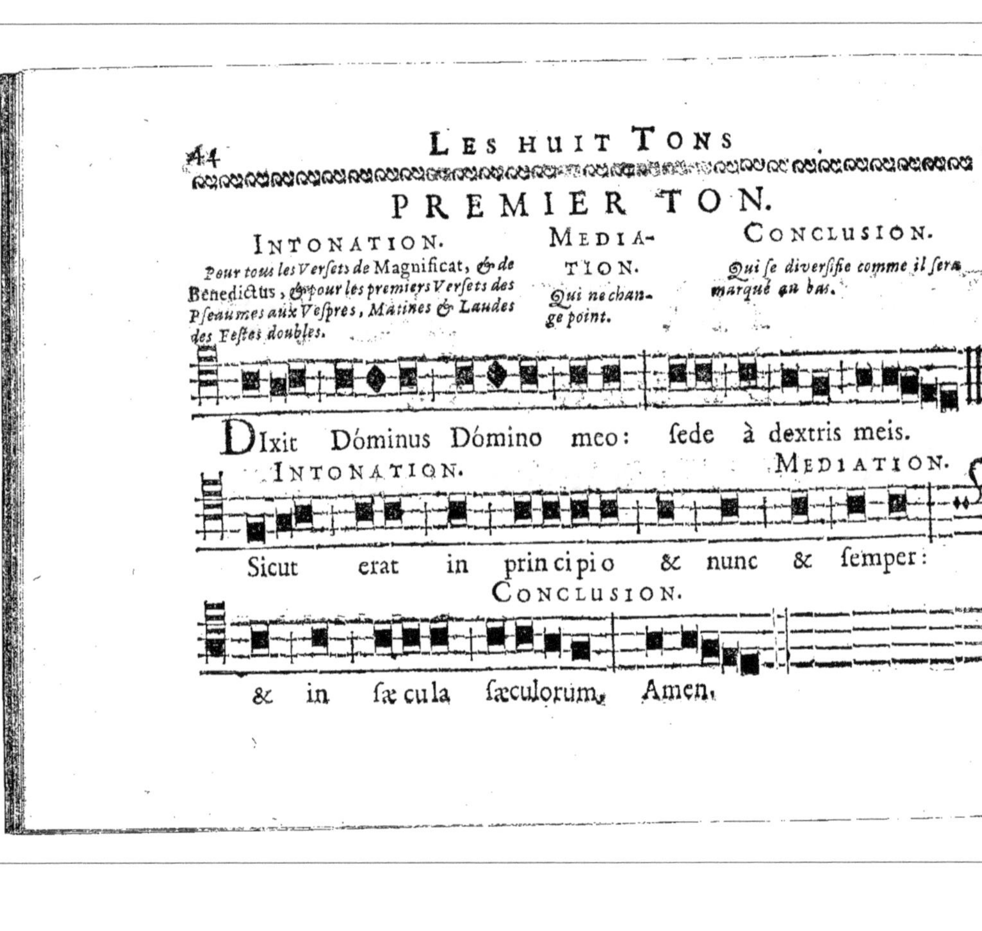
44
Les huit Tons
Premier Ton.
Intonation.
Pour tous les Versets de Magnificat, & de Benedictus, & pour les premiers Versets des Pseaumes aux Vespres, Matines & Laudes des Festes doubles.
Mediation.
Qui ne change point.
Conclusion.
Qui se diversifie comme il sera marqué au bas.
Dixit Dóminus Dómino meo: sede à dextris meis.
Intonation.
Mediation.
Sicut erat in principio & nunc & semper:
Conclusion.
& in sæcula sæculorum. Amen.

PREMIER TON, *commençant par la dominante, dont on se sert hors les cas marquez cy-dessus.*

Sicut erat &c. & nũc & sẽper: & in sæcu la sæculorum, Amen.

Dans ce premier TON on voit que la note *la* est la principale note du chant; & qu'elle se rencontre sur la premiere sylla-be du mot *sæculorum*. C'est donc la note dominante du TON: & l'on dira que le premier TON se chante en *la*.

On connoîtra de mesme, la dominante des autres TONS.

CONCLUSIONS *ou fins differentes du Premier* TON.

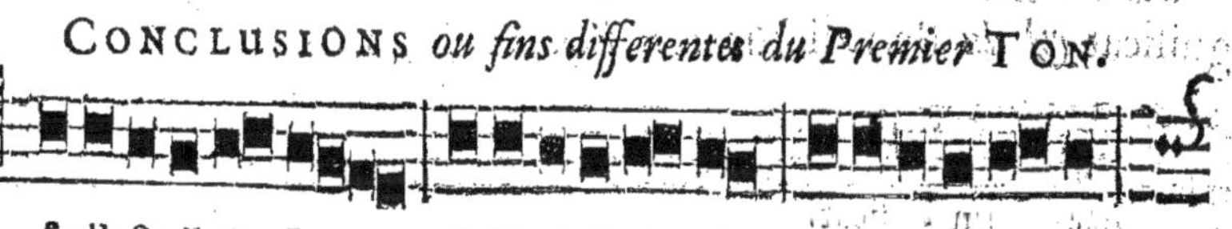

e, u, o, u, a, e. e, u, o, u, a, e. e, u, o, u, a, e.

e, u, o, u, a, e, e, u, o, u, a, e.

SECOND TON.

INTONATION. *Pour les premiers Verſets des Pſeaumes aux Veſpres, Matines & Laudes des Feſtes doubles.*

MEDIATION. *Qui ne change point.*

CONCLUSION. *Qui ne change point.*

Sicut erat &c. & ſemper: & in ſæcula ſæculorum, Amen.

INTONATION *du ſecond* **TON** *pour tous les Verſets de* Magnificat *&* *du* Benedictus *aux Feſtes doubles.*

Ma- gni- ficat,

Il faut remarquer icy que le mot *Magnificat*, fait la moitié du premier verſet de ce Cantique, comme il paroiſt dans tous les livres de chant, & dans tous les Breviaires où l'on trouve toûjours aprés ce mot, deux points : ou une étoile *, qui eſt la marque qu'on a coûtume de mettre au milieu du Verſet, pour avertir de faire la MEDIATION : de ſorte que l'INTONATION & la MEDIATION ſe font ſur ce même mot, comme l'on voit dans cet exemple du SECOND TON, dont les quatre premieres notes ſont pour l'INTONATION, & les trois dernieres pour la MEDIATION.

SECOND TON *commençant par la dominante.*

TROISIÉME TON.

INTONATION.
Pour tous les Vers. de Mag. & de Bened. & pour les premiers Vers. des Pseaumes aux Vespr. Matines & Laudes des Festes doubles.

MEDIATION.
Qui ne change point.

CONCLUSION,
Qui se diversifie.

Sicut erat,&c· & nunc & sẽper : & in s. sæculorum, Amen.

CONCLUSIONS *differentes du* III. TON.

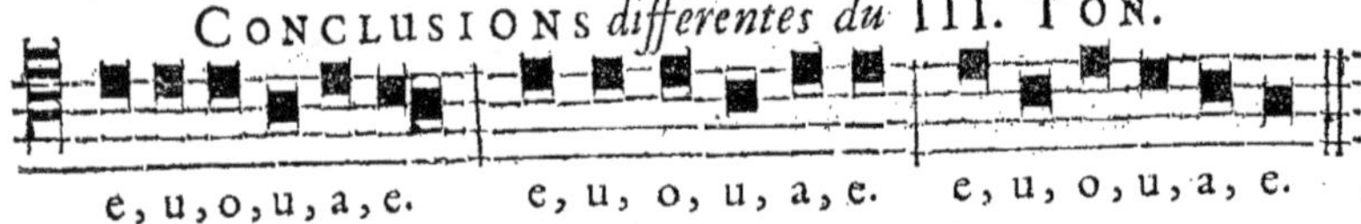

e, u, o, u, a, e. e, u, o, u, a, e. e, u, o, u, a, e.

TROISIEME TON *commençant par la Dominante.*

Sicut erat &c. & nunc & semper ; & in s. sæculorum ; Amen.

QUATRIÉME

QUATRIE'ME TON.

INTONATION. *Pour tous les Verſ. de Mag & de Bened. & pour les premiers Verſ. des Pſeaumes aux Veſpr. Matines & Laudes des Feſtes doubles.*

MEDIATION. *Qui ne change point.*

CONCLUSION. *Qui ſe diverſifie.*

Sicut erat &c. & nunc & ſemper: & in ſ. ſæculorum. Amen.

Fins differentes du IV. TON.

e, u, o, u, a, e. e, u, o, u, a, e. e, u, o, u, a, e.

QUATRIEME TON *commençant par la Dominante.*

Sicut erat, &c. & nunc & ſēper: & in ſ. ſæculorum, Amen.

CINQUIE'ME TON.

INTONATION.	MEDIATION.	CONCLUSION.
Pour tous les Vers. de Mag. *& de* Bened. *& pour les premiers Versets des Pseaumes aux Vespres, Matines & Laudes des Festes doubles.*	*Qui ne change point.*	*Qui ne change point.*

CINQUIE'ME TON, *commençant par la dominante.*

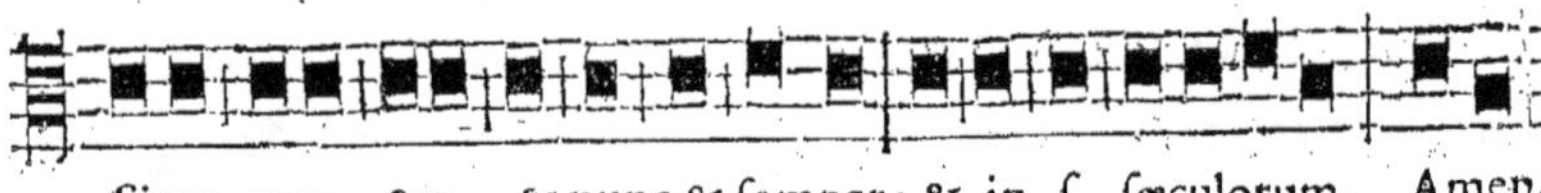

SIXIE'ME TON.

INTONATION. *Pour tous les Vers. de Mag. & de Bened. & pour les premiers Vers. des Pseaumes aux Vesp. Matines & Laudes des Festes doubles.*

MEDIATION. *Qui ne change point.*

CONCLUSION. *Qui ne change point.*

Sicut erat, &c. & nunc & semper: & in s. sæculorum, Amen.

SIXIE'ME TON *commençant par la dominante.*

Sicut erat &c. & nunc & semper: & in s. sæculorum, Amen.

SEPTIE'ME TON.

INTONATION.
Pour tous les Vers. de Mag. & de Bened. & pour les premiers Vers. des Pseaumes aux Vesp. Matines & Laudes des Festes doubles.

MEDIATION.
Qui ne change point.

CONCLUSION.
Qui se diversifie.

Si- cut erat, &c. & nunc & semper: & in s. sæculorum, Amen.

Fins differentes du VII. TON.

e, u, o, u, a, e. e, u, o, u, a, e. e, u, o, u, a, e.

e, u o, u, a e.

L'INTONATION de ce VII. TON *est pour le* Magnificat *& le* Benedictus *aux Festes doubles, aussi bien que pour les premiers Versets des Pseaumes, comme il a esté dit. Mais le premier Verset du* Magnificat *s'entonne ainsi.*

SEPTIE'ME TON *commençant par la dominante.*

HUITIÉME TON.

CHANT *particulier du* I. TON, *dont on ne se sert que pour le Pseaume* In exitu Israël.

COMMENCEMENT *par la dominante.* MEDIATION.

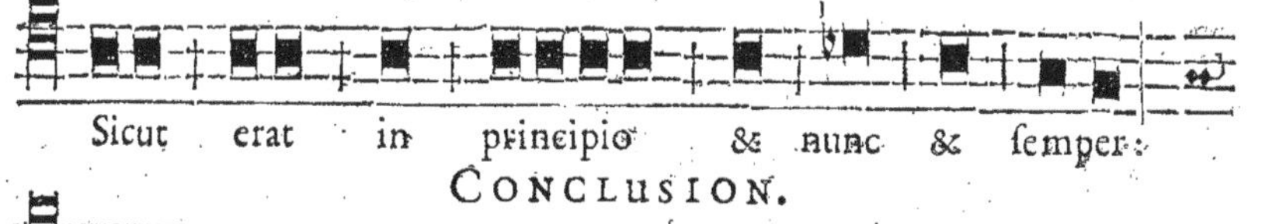

CONCLUSION.

& in sæcula sæculorum, Amen.

Le changement qui se fait quelques fois à la MEDIATION, n'arrive qu'au II. au IV. au V. & au VIII. TON, lors qu'elle tombe sur un monosyllabe, ou sur un nom indeclinable; auquel cas, on ne fait autre chose pour la MEDIATION que d'élever la voix sur le monosyllabe, ou sur la derniere syllabe de l'indeclinable, jusqu'à la note qui est immediatement au dessus de la dominante; en cette maniere,

In convertendo Dóminus capti vi tatem SION.

Dómine in virtute tu a læ ta bitur REX.

En suite dequoy l'on reprend la dominante pour continuër le Verset à l'ordinaire. On appelle cette Mediation IRREGULIERE.

Dans le chant singulier du Pseaume *In exitu*, la derniere note de la MEDIATION reguliere est *fa*; mais on dit *la* au lieu de *fa* dans la MEDIATION IRREGULIERE en cette maniere.

Bene di xit do mu i ISRAEL.

Ad ji ci at Dominus ſuper VOS.

Dans la ſuite du Verſet, s'il ſe rencontre un monoſyllabe ou un indeclinable à l'endroit où il ſe fait comme une ſeconde MEDIATION en cette maniere on fera rencontrer le monoſyllabe, ou la derniere ſyllabe de l'Indeclinable ſur le *la* comme on le voit icy marqué.

Domus JACOB de populo barbaro.

Au lieu que si le mot JACOB n'estoit point indeclinable, on diroit :

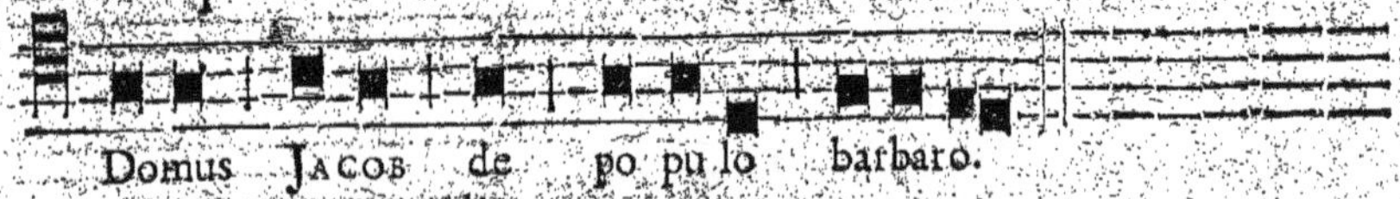

Domus JACOB de po pu lo barbaro.

Comme on dit :

Jordanis qui a conversus est retrorsum.

Les Antiennes qui se chantent avant & aprés chaque Pseaume, sont du mesme TON que le Pseaume. Et pour sçavoir de quel TON est l'Antienne & le Pseaume, il faut prendre garde quelle est la notte finale de l'Antienne : c'est à dire, celle par où elle finit ; & quelle est la dominante du Pseaume qui la suit, que l'on reconnoîtra aisément en regardant quelle est la premiere note de l'*e, u, o, u, a, e*, Car ce sera la dominante que l'on cherche.

Or dès que l'on connoît la finale de l'Antienne, & la dominante du Pseaume, on connoît le TON à l'aide des Regles suivantes. On les a mises en vers latins, afin qu'elles fussent plus aisées à retenir.

Finalis vox Antiphonæ, cum principe Psalmi
Voce, Tonum ostendunt. Quæ sit vox quælibet ergo,
Et quem quæque Tonum designet, sedulus Audi.

Si re *finalis*, la *princeps*, *en tibi* PRIMUM.
Fine ex consimili, fa *principe*, *nosce* SECUNDUM.
TERTIUS *est*, *si* mi *finalis*; *&* ut *dominetur*.
Mi *quoque finalis*, la *princeps*; *dant tibi* QUARTUM.
QUINTUS *erit*, fa *finali*, *atque* ut *principe*, *notus*.
Finis idem SEXTUM *tibi*, *sed* la *principe*, *prodit*.
Cum sol *finis erit*; re *princeps*; SEPTIMUS *esto*.
Denique finis idem OCTAVUM *dabit*, ut *dominante*.

Ces vers ſont aſſez intelligibles pour n'avoir pas beſoin d'explication. Il faut ſeulement remarquer,

1° Qu'encore qu'il y ait des Antiennes de huit Tons differens, elles n'ont que quatre differentes finales; Sçavoir *re*, *mi*, *fa*, *ſol*: Et que les Antiennes du I. & du II. finiſſent en *re*. Celles du III. & du IV. en *mi*. Celles du V. & du VI. en *fa*. Et enfin celles du VII. & du VIII. en *ſol*, comme on le peut remarquer dans les vers meſmes. Mais la Dominante du Pſeaume vous determine, & vous fait voir quand l'Antienne finit en *re*, par exemple, ſi c'eſt du I. ou du II. Quand elle finit en *mi*, ſi c'eſt du III. ou du IV. &c.

2° Que tout cela ſe doit prendre comme ſi tout eſtoit noté par ♮ *quarre*, comme il ſe trouve auſſi que ſont tous les Pſeaumes, & la pluſpart des Antiennes. Et quand il s'en trouve quelqu'une par ♭ *mol*, ſi l'on veut reconnoître de quel TON elle est, & le Pseaume qui la suit ; il en faut juger comme si elle estoit notée par ♮ *quarre*. C'est à dire, qu'il faut considerer la note par où elle finit, selon le nom qu'on luy donneroit, si on chantoit par ♮ *quarre*. Or le nom qu'on luy donneroit, seroit celuy de la note qui se trouve à sa quarte en montant. Ainsi ce qui est *ut* par ♭ *mol*, seroit *fa* par ♮ *quarre*. Ce qui est *re* par ♭ *mol*, seroit *sol* par ♮ *quarre*. Ce qui est *mi* par ♭ *mol*, seroit *la* par ♮ *quarre*, &c. Appliquons toutes ces Regles à un Exemple.

Je trouve une Antienne notée par ♭ *mol*, dont la finale est *ut*. Je veux sçavoir de quel TON est cette Antienne. Je dis, cét *ut* seroit un *fa* par ♮ *quarre* : Car le *fa* est la note qui se trouve à la quarte en montant de l'*ut*. Or toute Antienne qui finit en *fa*, est du V. ou du VI. TON ; celle-cy est donc de l'un des deux. Pour sçavoir maintenant duquel, je n'ay qu'à voir quelle est la Dominante du Pseaume qui la suit. Si cette Dominante est *ut*, la finale estant *fa*, je dis, si je sçay bien mes vers, que le TON que je cherche est le V.

QUINTUS *erit* fa *finali atque* ut *principe notus.*

Si la Dominante estoit *la*, la finale estant la mesme, ce feroit le VI. TON.

Finis idem SEXTUM *tibi, sed* la *principe, prodit.*

On a jugé à propos d'ajoûter icy les HUIT TONS A L'USAGE DE PARIS. *Il ne faut aucune explication pour cela, & la seule inspection fera connoître ce ce qu'ils ont de diferent de ceux qu'on vient de marquer qui sont selon le* ROMAIN.

LES HVIT TONS
DE L'EGLISE
SELON L'USAGE DE PARIS
Conformément au Nouveau Breviaire.

PREMIER TON.

LAu- dáte Dóminum omnes gentes : lau- dáte eum omnes pópuli.
Quóniam confirmáta est super nos mi se ri cór dia ejus, &c.
& in sæcula sæculórum. Amen.
Ma- gníficat * ánima, &c.

On peut transposer ce Chant en cette maniere.

E

Les Cantiques Benedíctus, Magníficat, *&* Nunc dímittis, *se chantent comme les Pseaumes dans les Tons impairs: mais dans les pairs ils ont des Commencements & des Médiations particulières, qu'on verra icy dans chacun de ces Tons.*

SECOND TON.

Le Chant suivant est celuy qu'on nomme le petit ramage.

Pour les Cantiques Evangeliques.
Nunc di- míttis servum tuum Dómine.
Laudáte Dóminum omnes gentes. Spirítui sancto. æ ú o u a e.
Pour les Cantiques Evangeliques.
Bene- dí- ctus Dóminus De- us Is- raël.
Magní- ficat * á- nima, &c.

TROISIE'ME TON.

QUATRIE'ME TON.

æ u o u a e. æ u o u a e.
Laudá- te Dóminum omnes gentes. æ u o u a e.
aux Cant. Deus Iſ- raël. Laudá- te Dóminum omnes gentes.
æ u o u a e. æ u o u a e. æ u o u a e.

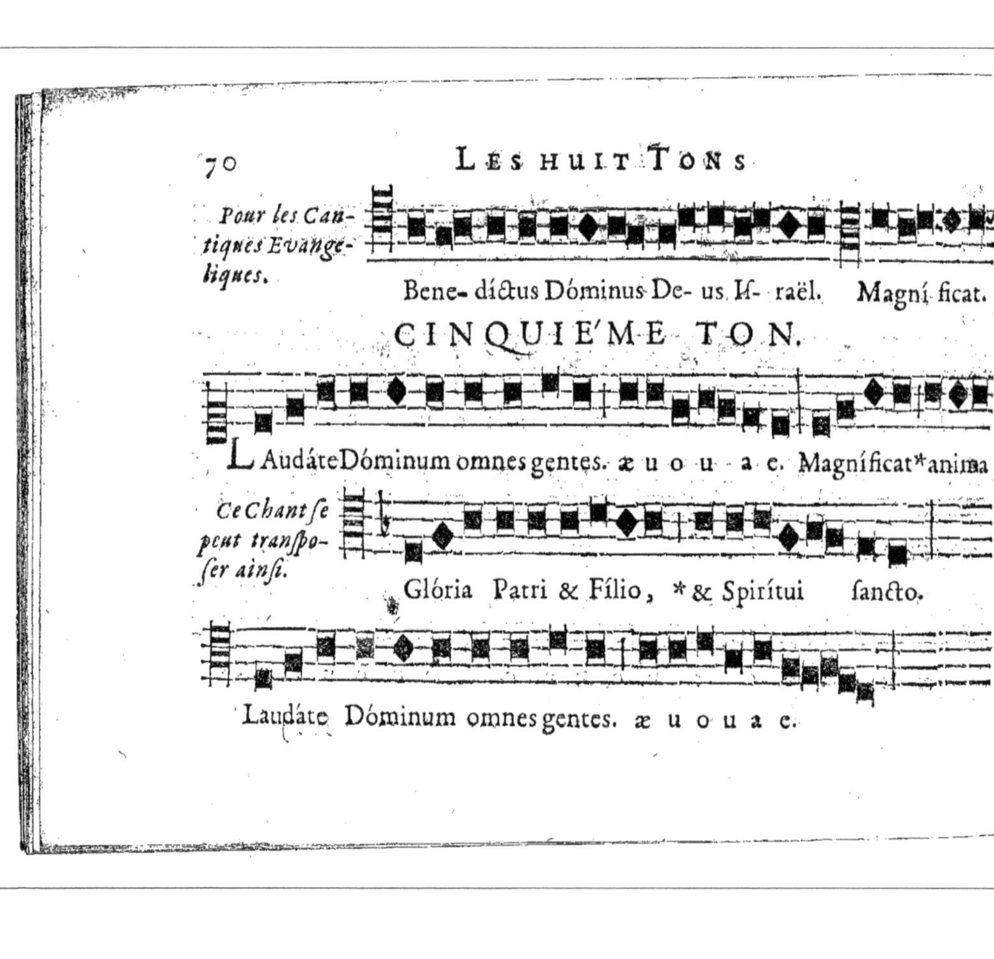
70 Les huit Tons
Pour les Cantiques Evangeliques.
Bene- dictus Dóminus De- us Is- raël. Magní ficat.
CINQUIE'ME TON.
LAudáte Dóminum omnes gentes. æ u o u a e. Magníficat*anima
Ce Chant se peut transposer ainsi.
Glória Patri & Fílio, *& Spirítui sancto.
Laudáte Dóminum omnes gentes. æ u o u a e.

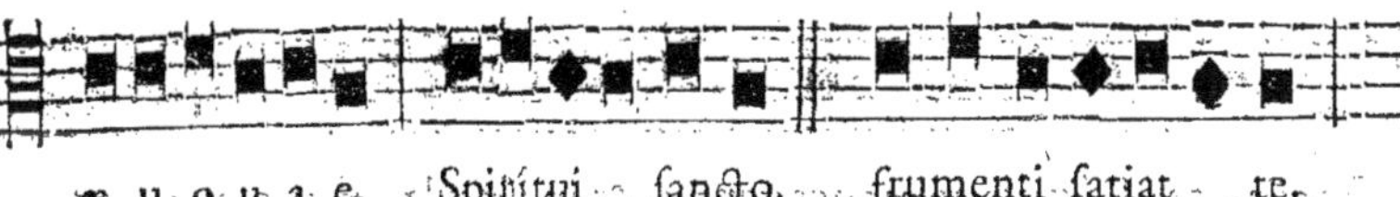

æ u o u a e. Spirítui sancto. frumenti satiat te.

SIXIE'ME TON.

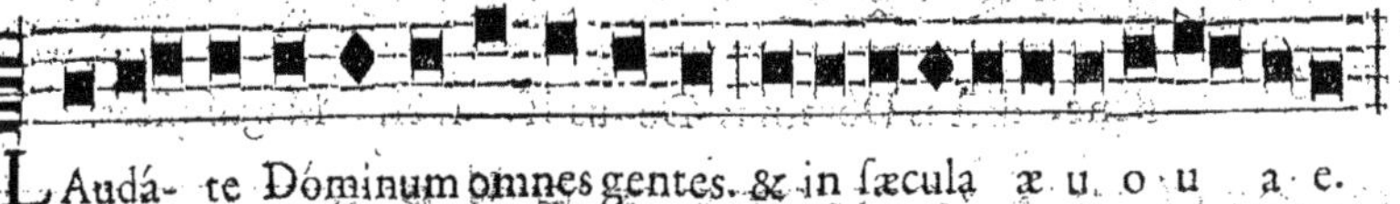

LAudá- te Dóminum omnes gentes. & in sæcula æ u o u a e.

Pour les Cantiques Evangelistes.

Bene- díctus Dóminus De- us Israël.

Magní- ficat * ánima mea, &c.

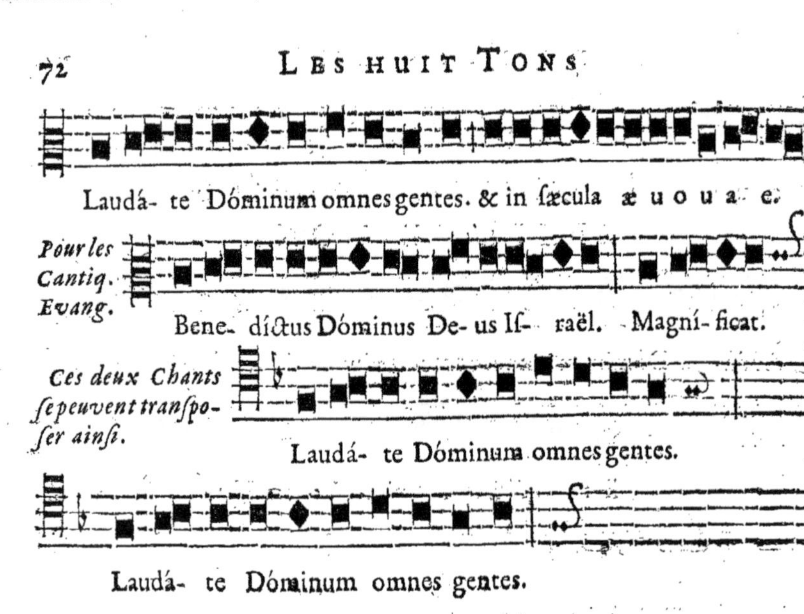
Laudá- te Dóminum omnes gentes. & in sæcula æ u o u a e.
Pour les Cantiq. Evang.
Bene- díctus Dóminus De- us If- raël. Magní- ficat.
Ces deux Chants se peuvent transpo- ser ainsi.
Laudá- te Dóminum omnes gentes.
Laudá- te Dóminum omnes gentes.

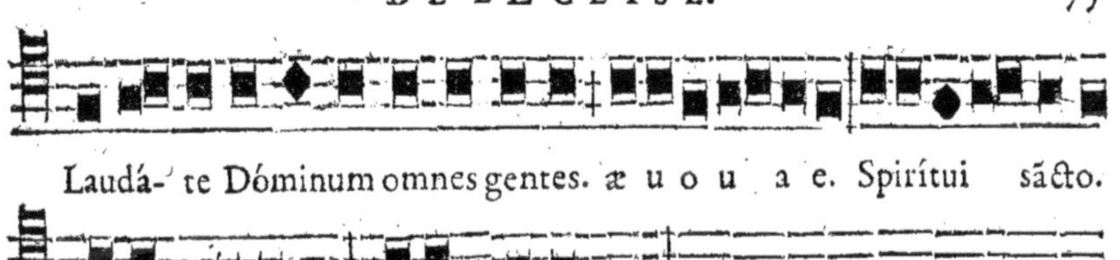

æ u o u a e. Spíritui sancto.

Pour les Cantiq. Evang.

Bene- díctus Dóminus Deus If- raël. Magní-ficat.

SEPTIE'ME TON.

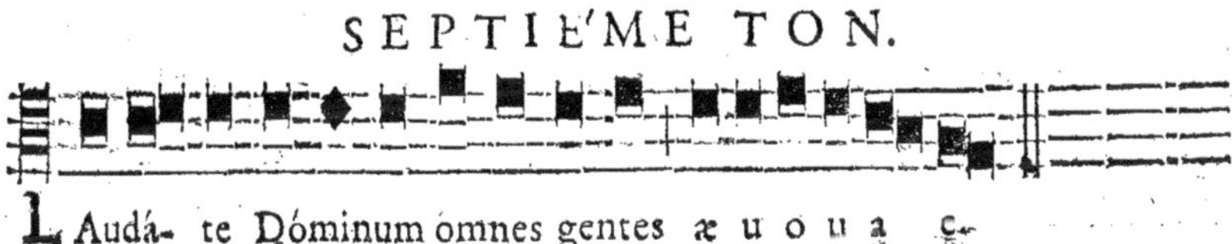

Magní-ficat * ánima, &c.
æ u o u a e. Spíritui ſancto. æ u o u a e.
æ u o u a e. æ u o u a e. æ u o u a e. æ u o u a e.
HUITIE'ME TON.
LAudáte Dóminum omnes gentes. æ u o u a e. Spíritui ſancto.

Pour les Cantiques Evangeliſtes.

Magní- ficat * á- nima, &c.

Il eſt à remarquer, que toutes ces intonations ne s'obſervent qu'au premier Verſet de chaque Pſeaume, & que les autres Verſets ſe commencent tout droit par la note dominante: ce qui s'obſerve auſſi aux Cantiques Benedíctus *&* Magníficat, *ſi ce n'eſt aux jours auſquels on doit toucher l'Orgue, qui ſont les Annuels, & les Grands & Petits-Solemnels; car alors chaque Verſet du Cantique s'entonne comme le premier.*

Touchant les mediations il n'y a autre choſe à remarquer, ſinon que le premier Verſet de Magníficat *ayant à cauſe de ſon petit nombre de ſyllabes mediation particuliere en chacun Ton, la mediation de tous ſes autres Verſets eſt celle qui eſt marquée icy pour le* Benedíctus.

COMMENT ON DOIT PRENDRE LE TON.

VOicy une troiſiéme ſignification du mot de TON, qui ſe prend icy pour le point de l'étenduë de la voix qu'il faut choiſir pour chanter à ſon aize, & pour aller ſans ſe forcer juſqu'à la plus haute & juſqu'à la plus baſſe note de ce que l'on veut chanter.

Quoy que les voix ne ſoient pas toutes d'une meſme étenduë, il y a pourtant un certain point que l'on peut prendre, où tous les Chantres d'une meſme Egliſe pourront chanter ſans ſe forcer. Et c'eſt ce point là qu'il faut tâcher de trouver lors que l'on commence l'Office.

Dans les Egliſes où il y a des Orgues on le rencontre plus aizément, parce que l'Orgue le donne : cét Inſtrument ayant eſté proportionné à l'étenduë de la voix des hommes; & à force de chanter alternativement avec l'Orgue, ce point, ou ce TON naturel de la voix s'imprime dans l'imagination; en sorte qu'on le rencontre toûjours, encore meſme que l'Orgue ne jouë point.

Dans les autres Egliſes, il ſeroit à propos d'avoir une petite clochette qui fuſt à l'octave, ou à la quinziéme en haut de l'onziéme touche du clavier, (ſans conter les feintes) afin de s'en ſervir pour prendre le TON de cette onziéme touche qui eſt celuy qu'il faut prendre pour commencer *Deus in adjutorium.*

Cette onziéme touche du clavier répond à cette clef comme la quinziéme répond à celle-cy ſur quelque ligne que l'une & l'autre ſoient poſées. Ainſi les eſpaces & les lignes au deſſus & au deſſous de chaque clef, repréſentent les touches du clavier qui ſont au deſſus & au deſſous de celle qui convient avec la clef.

Il s'enſuit de là qu'il faut toûjours concevoir cette clef plus haut de deux lignes que celle-cy , & comme eſtant diſpoſées l'une à l'égard de l'autre en cette maniere, ce qui repreſente la diſtance dont les touches qui leur répondent dans le clavier ſont éloignées l'une de l'autre. Car contant onze ſur la ligne où l'on voit la clef d'*ut-fa*, & continuant à conter en montant les eſpaces & les lignes, on trouvera quinze ſur celle où la clef de *ſol-ut* eſt poſée.

Il eſt aizé de voir par là comment les lignes & les eſpaces de l'une & de l'autre clef ſe rapportent, quoy qu'on les conſidere ſeparées, & qu'elles ſoient ſur d'autres lignes que celles où l'on les voit dans cét exemple où elles ſont toutes deux enſemble. Et il n'y a perſonne qui ne trouve de ſoy meſme que la premiere ligne au deſſus de la clef d'*ut-fa*, eſt la meſme choſe que la premiere ligne au deſſous de la clef de *ſol ut*, & que par conſequent ces deux notes ſont à l'uniſſon.

Que le premier eſpace au deſſus de la plus baſſe ſe rapporte à celuy qui eſt le ſecond au deſſous de la plus haute ; Et qu'ainſi ces deux autres notes ſont encore à l'uniſſon.

La connoiſſance de tous ces rapports donne une grande facilité à prendre le TON, lors qu'on paſſe d'un chant à un autre, & qu'ils ſont ſur differentes clefs.

Ayant

Ayant donc entoné *Deus in adjutorium*, d'un TON qui nous est representé par une note qui seroit sur la clef d'*ut-fa*  nous prendrons cette note pour *ut* ou pour *fa*, selon que ce que nous devons chanter en suite sera par ♭ *mol* ou par ♮ *quarre*. Et de là nous nous conduirons au TON de la premiere note de ce qui suit: montant ou descendant selon que cette premiere note sera au dessus ou au dessous de cét *ut* ou de ce *fa*. Et comme une note qui aura le mesme nom peut estre au dessus ou au dessous, nous en jugerons par sa position à l'égard de la clef. Par exemple, prenons nostre premier TON du *Deus in adjutorium* pour *ut*, parce que nous supposons qu'il suit un chant par ♭ *mol*; ce chant pourroit commencer par *mi* en deux differentes manieres, comme on voit dans ces deux exemples.

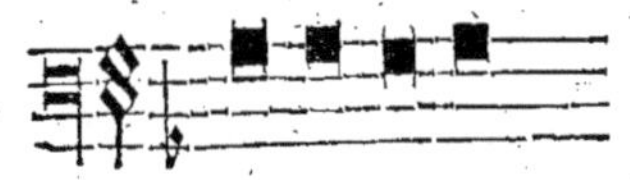

Et alors il ſeroit viſible que le chant du premier exemple ſe devroit commencer à la ſixiéme au deſſous du TON du *Deus in adjutorium*, & celuy du ſecond à la tierce au deſſus.

En finiſſant ce chant là, nous prendrons garde à la meſme choſe, & nous nous conduirons de meſme pour prendre le TON de la premiere note de celuy qui ſuivra par le rapport qu'elle aura à la derniere du precedent: Et ainſi ſucceſſivement juſques à la fin de l'Office.

Mais lors qu'il arrivera que nous paſſerons d'un chant par ♭ *mol* à un chant par ♮ *quarre*, nous ne nous reglerons pas par le nom que nous donnons aux notes dans l'un & dans l'autre. Et l'Antienne, par exemple, finiſſant par une note que nous appelons *ut* par ♭ *mol*, & le Pſeaume commençant par une autre note que nous appelons *fa* par ♮ *quarre*, nous ne commencerons pas ce Pſeaume une quarte plus haut, ou une quinte plus bas que la fin de l'Antienne, ſous pretexte qu'il y a une quarte de l'*ut* au *fa* en montant, & une quinte en deſcendant. Mais nous conſidererons cette premiere note du Pſeaume, quoy qu'elle ſoit par ♮ *quarre*, comme ſi elle eſtoit par ♭ *mol*; & nous prendrons noſtre TON là deſſus. Ainſi dans l'exemple propoſé, où nous ſuppoſons que l'Antienne finit par *ut*, en cette maniere,

Le Pſeaume commençant ainſi:  nous dirons.

Ce *fa* par où commence le Pſeaume ſeroit un *ut* par ♭ *mol*; nous l'entonnerons donc à l'uniſſon de l'*ut* par où finit l'Antienne precedente, quoy que nous le nommions *fa*. Il faut dire la meſme choſe quand on paſſe d'un chant par ♮ *quarre* à un chant par ♭ *mol* : Et l'on peut voir dans ces meſmes exemples, la raiſon de cette pratique ; car il eſt viſible que cét *ut* de la fin de l'Antienne, & ce *fa* du commencement du Pſeaume, ſont ſur des lignes qui ont meſme rapport à la clef ; & qui par conſequent répondent à la meſme touche du clavier : Il faut donc prendre l'un & l'autre au meſme TON.

Voila ce que l'ordre naturel demande qu'on obſerve pour prendre le Ton, quand on paſſe d'un chant à un autre.

Mais comme il y a de certains Offices où il ſe rencontre quelques chants parmy les autres qui ont trop d'étenduë en haut ou en bas pour y pouvoir aller en gardant cét ordre-là, on eſt contraint de tranſporter le Ton, & de les prendre plus bas ou plus haut que cét ordre-là ne demande.

Cela ne ſe doit pas faire au hazard, & voicy ce qu'il y faut obſerver, afin que l'oreille ne ſoit point choquée.

Le Ton de châque note que nous ſuppoſons déterminé par le rapport des clefs à de certaines touches du clavier, & déja imprimé dans l'oreille, ſe tranſporte commodement en haut ou en bas au Ton de celle qui eſt à ſa quarte ou à ſa quinte au deſſus ou au deſſous.

Ainſy, s'il faut tranſporter le Ton de l'*ut*, vous le prendrez au Ton où vous preniez *ſol* ou *fa* en haut ou en bas.

Si c'eſt *ré* qu'il faut tranſporter, vous le prendrez au Ton où vous preniez *la* ou *ſol* en haut ou en bas.

Mi ſe tranſporte tout de meſme au Ton de *la* ou de *ſi* en haut ou en bas, & ainſy du reſte.

Lors que le chant qui vous aura obligé de quitter le Ton ſera finy, vous le reprendrez pour recommencer le ſuivant, en remontant ou en deſcendant d'une quarte ou d'une quinte, ſelon que vous aviez descendu ou monté de l'une ou de l'autre.

On va voir tout cela dans un exemple tiré de l'Office de la Feste du saint Sacrement.

Le dernier Répons du II. Nocturne de Matines finit sur un *sol* comme celuy qu'on voit icy, & ce Répons se chante fort commodement au Ton naturel, en sorte que ce *sol* est à l'unisson de la douziéme touche du clavier.

Mais l'Antienne qui se doit chanter ensuite pour entrer dans le III. Nocturne commence ainsi,

Introi- bo ad alta- re,&c.

& a une étenduë en haut où la voix ne sauroit aller si l'on prend le mot *Introibo* à l'unisson de la note par où finit le Répons precedent, comme l'ordre naturel le demanderoit ; la note par où cette Antienne commence, ayant le meſme rapport à la clef que celle par où finit le Répons precedent. Que ferons nous donc? Nous prendrons le Ton de cette Antienne à la quinte au deſſous du *ſol* par où finit le Répons, comme ſi elle eſtoit marquée de cette ſorte & nous dirons le

In troi- bo.

Pſeaume *Judica me*, qui vient en ſuite au Ton que cette tranſpoſition nous donnera, & nous repeterons l'Antienne aprés le Pſeaume au meſme Ton.

Mais quand il faudra recommencer la ſeconde Antienne qui eſt ainſy notée, nous reprendrons

Ci- ba vit nos.

noſtre premier Ton. Et au lieu de la commencer à l'uniſſon

de la derniere note de l'Antienne precedente qui finit par un *ſol*, comme celle-cy y commence, nous la prendrons une quinte plus haut ; parce que nous avions baiſſé d'une quinte. Ainſy nous nous trouverons dans noſtre Ton naturel.

Mais, dira-t-on, pourquoy avions-nous baiſſé d'une quinte plûtoſt que d'une quarte? Comment ſaurons-nous en pareille rencontre s'il faudra baiſſer plûtoſt de l'une que de l'autre? Les regles qu'on pourroit donner pour cela ne ſçauroient eſtre entenduës que de ceux qui ſavent la Muſique, & qui connoiſſent la nature & les proprietez des modes : il faut que les autres tâchent de diſcerner cela par l'oreille & par l'habitude.

Les Chapitres, Verſets, Leçons & Collectes ſe doivent dire au Ton de cette note 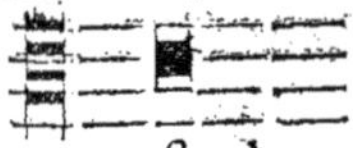 lors que le chant qui les precede immediatement, eſt de quelqu'un des ſix derniers

Tons; Et lors qu'il est du premier ou du second, il est mieux de les dire au ton de celle-cy; 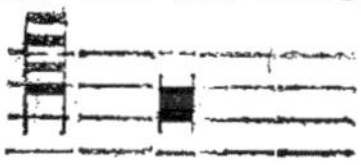 car il faut toûjours pour cela prendre le Ton de l'*ut* ou du *fa* au dessus de la finale de l'Antienne & des Répons precedens autant qu'il est possible, ou du moins celuy du *sol*, ou du *re*, & jamais le Ton du *la*, du *mi*, ny du *si*.

Le TON dont on chante les *Collectes* & le *Dominus vobiscum* à la Messe, est le mesme que celuy du *Deus in adjutorium* de l'Office. Celuy dont on doit chanter *l'Epistre* est plus haut d'une note comme on le voit icy marqué.  il est par ♭ *mol*, parce qu'aux endroits de l'*Epistre* qui se terminent par un point, on doit hausser la voix d'un ton & demy, pour retomber en ſuite ſur la meſme note. Et par conſequent cette note doit eſtre un *re*. Pour le ton de *l'Evangile* ce doit eſtre le meſme que celuy dont le Celebrant chante les *Collectes* & le *Dominus vobiſcum*.

Tout ce qui vient d'eſtre dit de la maniere de prendre le Ton ſervira aux Religieuſes auſſy bien qu'aux Eccleſiaſtiques ; parce que le Ton naturel de leur voix eſt à l'octave en haut de celle des hommes. Ainſy la meſme ſonette leur donnera le Ton pour commencer. S'il y en avoit neanmoins qui vouluſſent chanter un peu plus bas, elles n'auroient qu'à choiſir une ſonette plus baſſe de ce qu'elles jugeroient à propos, & du reſte obſerver toutes les meſmes Regles.

CE QU'IL FAUT OBSERVER POUR BIEN CHANTER.

IL faut premierement avoir ſoin que le ſon de la voix ſoit le plus naturel qu'il eſt poſſible, & le plus approchant de celuy qu'elle a en parlant. Et pour cela il faut prendre garde de ne point faire de mouvement, ny de poſtures extrordinaires des lévres, de la langue, & du goſier.

2. De ne point étouffer ſa voix, & d'ouvrir la bouche autant qu'il eſt neceſſaire pour jetter le ſon en dehors.

3. De ſe moderer en ſorte qu'on puiſſe chanter long-temps ſans ſe laſſer: Et ainſi de n'employer pas toute la force de ſon poulmon, & de ne prendre pas garde ſi on eſt plus ou moins

entendu que les autres avec qui l'on chante.

4. De chanter toûjours d'une mesme force, & de ne pousser point en des endroits plus qu'en d'autres. C'est une faute que la pluspart font ; parce qu'on a toûjours de certains endroits de l'étenduë de la voix où elle est plus belle & plus libre. Et quand le chant vient dans ces endroits-là, on est porté à pousser plus fort, & à se faire entendre.

5. De prononcer exactement & distinctement, & d'éviter tout ce qui peut nuire à la bonne prononciation, comme les coups de gosier, & les aspirations.

6. Lors qu'il y a plusieurs notes sur une mesme syllabe, de faire entendre principalement celle sur laquelle la syllabe se prononce, & de couler les autres plus doucement & sans aspirations ; en sorte que ceux qui entendent chanter ne remarquent pas le passage de l'une à l'autre.

7. Lors qu'on fera quelques tremblemens aux cadences, de les faire les plus ſimples qu'il eſt poſſible, & de remarquer que le tremblement doit toûjours commencer par la note au deſſus de celle ſur laquelle on le fait : Car le tremblement n'eſt autre choſe qu'une repetition de deux notes, qui ſont immediatement l'une au deſſus de l'autre, & que l'on fait entendre l'une aprés l'autre d'une maniere fort preſte & fort vive ; En ſorte que trembler ſur le *mi;* Par exemple, c'eſt dire *fa mi, fa mi, fa mi*, un grand nombre de fois & avec beaucoup de viteſſe. Or on a pris garde que l'oreille demande que la plus haute de ces deux notes, ſoit celle qu'on luy faſſe entendre la premiere.

8. Découter ceux avec qui l'on chante, & que tous ſe ſuivent ſi bien, qu'ils chantent tous en meſme temps ſyllabe pour ſyllabe, & note pour note.

9. Enfin, de bien obſerver la Pauſe de la Mediation dans la Pſalmodie, & de ne point commencer un Verſet, que la fin de l'autre ne ſoit entenduë.

Il eſt bon que ceux qui gouvernent le Chœur conſultent de temps en temps la ſonette, afin de ſe remettre dans le Ton, ſi l'on avoit hauſſé ou baiſſé, comme il arrive aſſez ordinairement.

FIN.

De l'Imprimerie de CHRISTOPHE BALLARD, ſeul Imprimeur du Roy pour la Muſique.

EXTRAIT DU PRIVILEGE DU ROY.

PAR grace & Privilege du Roy donné à Paris le 7. Novembre 1682. Signé, Par le Roy en son Conseil, BOUCOT, & Scellé, il est permis à Guillaume Desprez Marchand Libraire à Paris; de r'imprimer, faire r'imprimer, vendre & debiter en tous les lieux de l'obeïssance de Sa Majesté, un Livre intitulé, *Nouvelle Methode tres-seure & tres-facile pour apprendre parfaitement le Plein-Chant en fort peu de temps, reveuë, corrigée & de beaucoup augmentée*, & dans laquelle les nouveaux Chants de Paris ont esté adjoûtez, durant le temps & espace de six ans; avec deffenses à toutes personnes, de quelque qualité & condition qu'elles soient, Libraires, Imprimeurs, ou autres, de le r'imprimer, faire r'imprimer, vendre, ny debiter, sous quelque pretexte que ce soit, à peine de quinze cens livres d'amande, de confiscation des exemplaires contrefaits, & de tous dépens, dommages & interests, ainsi qu'il est porté plus au long dans lesdites Lettres.

Registré dans le Registre de la Communauté des Libraires de Paris, le 9. Novembre 1682.

Achevé d'imprimer pour la premiere fois le troisiéme Février 1683.

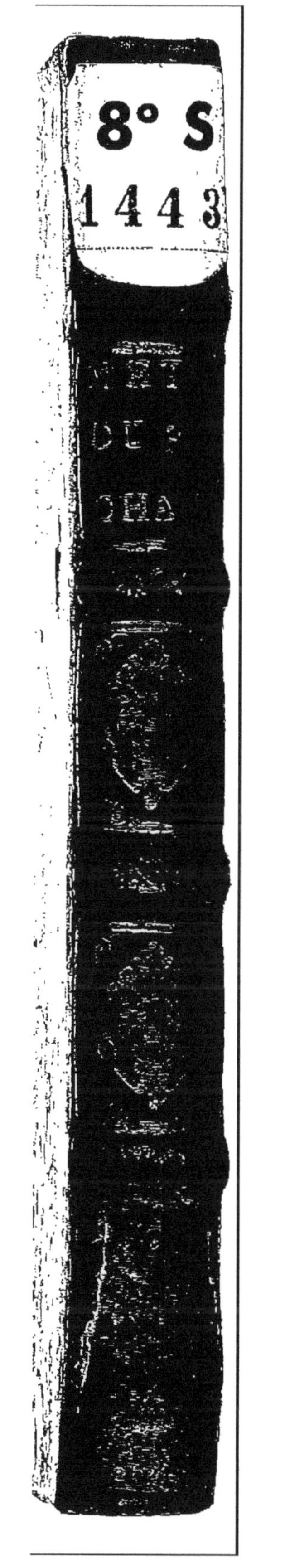
8° S
1443

www.ingramcontent.com/pod-product-compliance
Ingram Content Group UK Ltd.
Pitfield, Milton Keynes, MK11 3LW, UK
UKHW021551260726
13993UKWH00002B/766